公路施工安全教育系列丛书——工种安全操作
本书为《公路施工安全视频教程》配套用书

隧道模板台车操作工
安全操作手册

广 东 省 交 通 运 输 厅 组织编写

广东省南粤交通投资建设有限公司
中铁隧道局集团有限公司　　主　编

人民交通出版社股份有限公司
China Communications Press Co.,Ltd.

内容提要

本书是《公路施工安全教育系列丛书——工种安全操作》中的一本,是《公路施工安全视频教程》(第五册 工种安全操作)的配套用书。本书主要介绍隧道模板台车安全作业的相关内容,包括:隧道模板台车基本知识、隧道模板台车操作工主要工作内容及安全风险、隧道模板台车危险部位及防护要求、隧道模板台车操作工基本要求等。

本书可供隧道模板台车操作工使用,也可作为相关人员安全学习的参考资料。

图书在版编目(CIP)数据

隧道模板台车操作工安全操作手册/广东省交通运输厅组织编写;广东省南粤交通投资建设有限公司,中铁隧道局集团有限公司主编. — 北京:人民交通出版社股份有限公司,2018.12(2025.1重印)
ISBN 978-7-114-15050-0

Ⅰ.①隧… Ⅱ.①广…②广…③中… Ⅲ.①隧道施工—衬砌台车—操作—技术手册 Ⅳ.①U455.3-62

中国版本图书馆 CIP 数据核字(2018)第 225953 号

Suidao Muban Taiche Caozuogong Anquan Caozuo Shouce

书 名:	隧道模板台车操作工安全操作手册
著 作 者:	广东省交通运输厅组织编写
	广东省南粤交通投资建设有限公司 中铁隧道局集团有限公司主编
责任编辑:	韩亚楠 郭红蕊
责任校对:	宿秀英
责任印制:	张 凯
出版发行:	人民交通出版社股份有限公司
地 址:	(100011)北京市朝阳区安定门外外馆斜街 3 号
网 址:	http://www.ccpcl.com.cn
销售电话:	(010)85285857
总 经 销:	人民交通出版社股份有限公司发行部
经 销:	各地新华书店
印 刷:	北京建宏印刷有限公司
开 本:	880×1230 1/32
印 张:	1.375
字 数:	37 千
版 次:	2018 年 12 月 第 1 版
印 次:	2025 年 1 月 第 3 次印刷
书 号:	ISBN 978-7-114-15050-0
定 价:	15.00 元

(有印刷、装订质量问题的图书由本公司负责调换)

编委会名单
EDITORIAL BOARD

《公路施工安全教育系列丛书——工种安全操作》
编审委员会

主 任 委 员：黄成造

副主任委员：潘明亮

委　　　员：张家慧　陈子建　韩占波　覃辉鹃
　　　　　　王立军　李　磊　刘爱新　贺小明
　　　　　　高　翔

《隧道模板台车操作工安全操作手册》
编写人员

编　　　写：李和强　邵志龙　高玉洁

校　　　核：王立军　刘爱新

版 面 设 计：伍金新　任红美

致工友们的一封信

LETTER

亲爱的工友：

你们好！

为了祖国的交通基础设施建设，你们离开温馨的家园，甚至不远千里来到施工现场，用自己的智慧和汗水将一条条道路、一座座桥梁、一处处隧道从设计蓝图变成了实体工程。你们通过辛勤劳动为祖国修路架桥，为交通强国、民族复兴做出了自己的贡献，同时也用双手为自己创造了美好的生活。在此，衷心感谢你们！

交通建设行业是国家基础性和先导性行业，也是安全生产的高危行业。由于安全意识不够、安全知识不足、防护措施不到位和违章操作等原因，安全事故仍时有发生，令人非常痛心！从事工程施工一线建设，你们的安全牵动着家人的心，牵动着广大交通人的心，更牵动着党中央及各级党委、政府的心。为让工友们增强安全意识，提高安全技能，规范安全操作，降低安全风险，保证生产安全，我们组织开发制作了以动画和视频为主要展现形式的《公路施工安全视频教程》(第五册　工种安全操作)，并同步编写了配套的《公路施工安全教育系列丛书——工种安全操作》口袋书。全套视频教程和配套用书梳理、提炼了工种操作与安全生产相关的核心知识和现场安全操作要点，易学易懂，使工友们能知原理、会工艺、懂操作，在工作中做到保护好自己和他人不受伤害。

请工友们珍爱生命，安全生产；祝福你们身体健康，工作愉快，家庭幸福！

广东省交通运输厅

二〇一八年十月

目录

CONTENTS

1 隧道模板台车基本知识 …………………………………… 1
2 隧道模板台车操作工主要工作内容及安全风险 ………… 7
3 隧道模板台车危险部位及防护要求 ……………………… 12
4 隧道模板台车操作工基本要求 …………………………… 14
5 隧道模板台车操作安全要点 ……………………………… 18

PART 1 / 隧道模板台车基本知识

1 PART 隧道模板台车基本知识

> 隧道模板台车是一种用于隧道二次衬砌混凝土浇筑的整体移动设备。其中全液压自行式衬砌模板台车在隧道施工中最为常见。

1.1 常见的模板台车类型

全液压自行式衬砌模板台车

针梁式衬砌模板台车

简易式衬砌模板台车

无骨架式衬砌模板台车

1.2 隧道模板台车结构

隧道模板台车一般由台车主桁架、钢模板、液压系统、电气控制系统、行走系统、模板垂直升降和侧向调幅机构等组成,根据隧道长度以及平曲线半径等因素,隧道模板台车长度一般为9~12m。

⚠ 模板台车的安装、拆除工作应当由专业人员按要求进行。

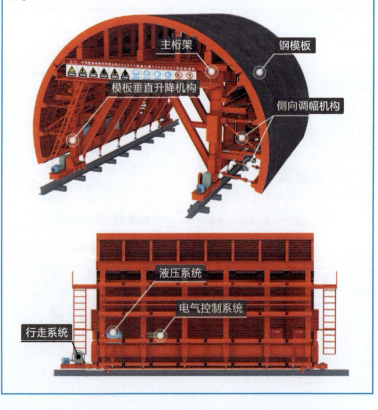

PART 1 / 隧道模板台车基本知识

（1）台车主桁架

由底纵梁、门架立柱、门架大斜撑、门架横梁、上纵梁、模板横梁、模板立柱、水平斜撑等构成。各部分通过螺栓连接为整体，模板台车门架通过底纵梁支撑于行走系统上。

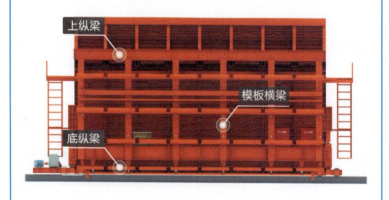

（2）钢模板

一般采用厚度不低于1cm的钢板制成,由顶模和侧模组成,并安装附着式振捣器,模板上设工作窗口,便于检查和灌注混凝土。

附着式振捣器

工作窗口

（3）液压系统

由电动机、液压泵、手动换向阀、垂直及侧向液压油缸、液压锁、油箱及管路组成。主要功能是进行钢模板的定位与脱模。

手动换向阀

液压油缸

（4）电气控制系统

主要有控制箱和电气线路两大部分，具有防漏电、触电装置，为行走系统和液压系统提供动力。

控制箱

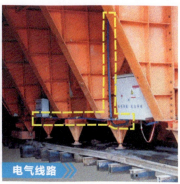
电气线路

（5）行走系统

由行走电动机、减速器组成,安装于台车两端门架立柱下方,通过链条传动,用于驱动模板台车整体行走。

（6）模板垂直升降及侧向调幅机构

一般包括模板垂直升降机构及侧向调幅机构,由丝杆及千斤顶组成,用于模板台车的精准定位。

模板垂直升降机构

侧向调幅机构

PART 2 隧道模板台车操作工主要工作内容及安全风险

2.1 模板台车操作工的主要工作内容

模板台车操作工主要工作内容包括：测量放样、布设轨道、移位、脱模剂涂刷、定位、脱模、清理保养。

测量放样

布设轨道

移 位

脱模剂涂刷

定 位

脱　模

清理保养

2.2　模板台车操作工主要安全风险

　　模板台车操作工主要存在高处坠落、触电、机械伤害、物体打击、车辆伤害等安全风险。

　　高处坠落：模板台车作业时，平台脚手板、临边防护和个人防护用品缺失等原因，发生人员坠落引起的伤害。

触电：模板台车上电力线路破损，使用电气设备时接线不规范或者绝缘防护不到位造成台车上作业人员触电伤害。

机械伤害：模板台车行走，使用角磨机、圆盘锯等机具机械造成的伤害。

PART 2 / 隧道模板台车操作工主要工作内容及安全风险

物体打击:端模安装、脱模、混凝土浇筑作业时,模板台车上落物砸伤下方的人员。

车辆伤害:车辆通过模板台车下部时对台车操作人员造成的伤害。

3 PART 隧道模板台车危险部位及防护要求

危险部位	防护要求
易发高处坠落的部位：作业平台、爬梯等部位。	工作平台采用钢质脚手板满铺，设置不低于1.2m的防护栏杆、18cm踢脚板及隔离网硬质防护，爬梯应防滑并设扶手。

危险部位	防护要求
易发物体打击的部位：在封模、脱模、混凝土浇筑作业过程中的模板台车下部。	端模安装、脱模、混凝土浇筑作业时，作业人员规范佩戴安全帽，模板台车两端设置警戒带，专人警戒，防止无关人员进入台车下部。

PART 3 / 隧道模板台车危险部位及防护要求

危险部位
易发触电的部位：电动机具及线缆接头等部位。

防护要求
电缆线必须穿管敷设，照明必须使用36V及以下安全电压。

穿管敷设

危险部位
易发车辆伤害的部位：模板台车车辆通行区域。

防护要求
模板台车前后应设限速标志、警示标志、限界灯带、警灯、警铃。

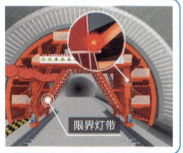
限界灯带

危险部位
易发机械伤害的部位：电动机具的转动部位及模板台车易发生挤压的部位。

防护要求
转动部位必须设防护罩，易发生挤压部位设置警示标牌。

防护罩

▶隧道模板台车操作工 安全操作手册▶

隧道模板台车操作工基本要求

(1)模板台车操作工入职要求。

年龄
18~55周岁

身体
- 健康
- 在指定医院体检合格
- 无职业禁忌

入场
- 经安全教育培训考核合格后上岗
- 岗前进行安全技术交底

❗ 未经培训考试合格人员,禁止上岗作业。

PART 4 / 隧道模板台车操作工基本要求

（2）作业前。

认真确认工作内容,检查作业环境是否安全;检查个人防护用品、工具及设备是否完好。

（3）作业时。

遵守设备机具操作规程,遵守劳动纪律,按规范使用劳动保护用品。

(4)作业后。

及时回收工具及余料并在指定位置存放,清理作业现场。

(5)个人安全防护。

规范穿戴个人防护用品(工作服、反光背心、安全帽、安全带、防尘口罩、防滑鞋、手套等)。

❗ 禁止穿拖鞋、短裤及赤膊等上岗作业。

PART 4 / 隧道模板台车操作工基本要求

(6)其他注意事项。
车辆通过模板台车时,操作人员主动避让;
台车上部作业时,下方有行人或车辆通过应该暂停作业。

❗ 严禁酒后、带病上岗。

5 PART 隧道模板台车操作安全要点

模板台车交付使用前应对架体结构及连接、作业平台铺设、通道设置及各部位防护措施设置、电力线路布置、安全警示标志设置等进行验收,确保安全后,方可投入使用。

台车使用前验收

电力线路布置

PART 5 / 隧道模板台车操作安全要点

5.1 模板台车使用前安全要点

序号	检 查 内 容
1	检查模板台车架体结构稳固、螺栓连接紧固及转动部位防护措施情况
2	检查确认配电设施绝缘是否良好,液压系统有无渗漏
3	检查上下通道、作业平台的设置及防护措施情况
4	检查消防安全设施及安全警示标牌完善情况

检查确认上述情况完好,验收合格后,方可投入使用。

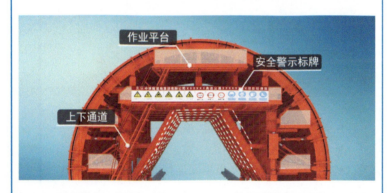

5.2 模板台车行走及定位安全要点

(1)行走前安全检查。
- 检查确认行走范围内有无障碍物及人员,应在专人监护下行走。

- 轨枕:按要求设置充足,摆放均匀、支垫稳固。
- 轨道:设置平行,间距一致。
- 轨道接头:采用夹板牢固连接,接头下部有支垫。

⚠ 注意:防止模板台车掉道或脱轨。

(2)行走过程中的安全控制。

● 行走时,通风管应停风,同时做好电力及其他管线的保护,防止损坏。

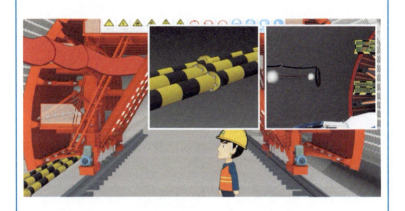

● 操作行走机构时应缓慢平稳,当行走受阻或有异响时,应立即停止,查明原因。

❗ 注意:无关人员禁止进入台车行走危险区域。

(3)行走到位后定位控制。
- 必须设阻车器,防止溜滑。

- 操纵液压系统,调整模板顶部及两侧位置时,应缓慢进行,听从指挥。

- 按要求紧固丝杆,确保销子等连接牢固。

5.3 模板台车端模安装作业安全要点

（1）封端模板不得使用开裂及腐质木板。

（2）使用电锯、电刨等机具时，禁止佩戴线手套。

(3)端模安装顺序应由下至上,安装牢固,防止爆模。

(4)端模安装过程中,严禁上下重叠作业、攀爬模板上下。

上下重叠作业

攀爬模板上下

(5)端模安装作业人员须站在稳固的作业平台上并系安全带。

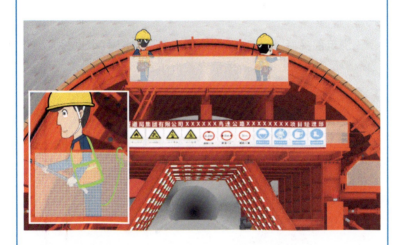

(6)端模安装作业使用的工具应当妥善放置在工具包内,防止掉落伤人。

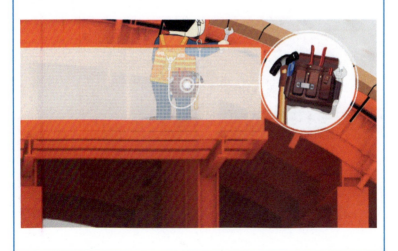

5.4 模板台车混凝土浇筑安全要点

浇筑前：确认模板台车准确就位，安装牢固；重点检查模板与纵、环向混凝土边缘搭接是否紧密贴合。

浇筑工艺：按照"先墙后拱，逐层对称"原则进行；控制混凝土浇筑速度（每层浇筑厚度宜小于0.5m，两侧高差控制在0.5m以内），防止模板台车移位、变形。

浇筑中：对各受力结构、丝杆、顶撑、浇筑窗、阻车器等构件的稳固状况随时进行检查；尤其在开启平板振动器和插入振捣混凝土时应密切观察，发现问题及时处理，防止爆模。

PART 5 / 隧道模板台车操作安全要点

封顶控制：封顶混凝土浇筑时，防止泵压过大引起模板台车变形、爆模或混凝土喷出。

5.5 模板台车脱模作业安全要点

(1) 脱模条件

应当在衬砌拱顶混凝土达到一定强度(一般情况下混凝土强度不低于8MPa；具体根据同条件混凝土试件强度发展情况来确定)，并经技术人员同意后方可脱模。

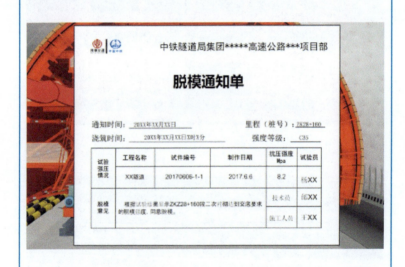

(2) 脱模安全要求

● 下方应划定防护区并设专人指挥；

● 封端模板拆除应由拱顶至两侧依次拆除，严禁上下重叠作业；拆模时轻撬慢卸，严禁硬撬、硬砸。

● 拆除的模板、物料等禁止抛掷，应在指定地点整齐堆码，残留的铁钉应及时剔除，防止扎伤。

PART 5 / 隧道模板台车操作安全要点

5.6 模板清理及脱模剂涂刷安全要点

（1）模板清理

模板清理应做到平整光洁。使用手持式电动打磨机清理模板时，应佩戴绝缘手套。

（2）脱模剂涂刷

脱模剂涂刷应均匀并满涂，当使用油性脱模剂时应禁止明火。

(3) **注意事项**

• 模板打磨及脱模剂涂刷时,应佩戴密闭式防尘口罩,高处作业须系安全带;

• 作业完成后,剩余脱模剂应运至洞外指定地点存放。

隧道模板台车操作工安全口诀

结构牢　验收好　防护足

稳紧固　缓浇筑　轻拆模

细观察　防高坠　莫掉物